AF416980

9 789948 724315

رِسَالَةٌ بِخُيُوطِ الشَّمْسِ

منيـر الصّويـدي

رِسَالةٌ بخُيُوطِ الشَّمْسْ

شعر

إصدارات دائرة الثقافة، حكومة الشارقة 2024 م

الناشر: دائرة الثقافة ـ حكومة الشارقة ـ الإمارات العربية المتحدة

الهاتف: 5123333 6 971+

البرَّاق: 5123303 6 971+

الموقع الإليكتروني: www.sdc.gov.ae

البريد الإليكتروني: sdc@sdc.gov.ae

____

811.9611

ص م. ر

الصويدي، منير

رسالة بخيوط الشمس/ منير الصويدي .ـ الشارقة، الإمارات العربية المتحدة : دائرة الثقافة، 2024.

204 ص؛ 21X14 سم.

1 – الشعر العربي – تونس – دواوين وقصائد

أ – العنوان

ISBN: 9789948724315

تصدير

صَديقانِ لَيْسَ لَهُمَا مَثيل:

لَيْلٌ.. يُدَاعِبُ وَجَعَك..

وَيُقْلِقُ مَضْجَعَك..

وَلا يُبَالِي بِعَبْرَتِك..

وَقلَمٌ.. يَبُوحُ بِغُصَّتِك..

وَيُؤْنِسُ وحْشَتَك..

وَيُعْلِنُ مِيلاَدَ قَصيدَتِك..

نَشِيدُ الرُّوح

يَا أَيّها الجَفنُ المُبلّل بالنّدى
كَفكِفْ دُموعَكَ.. لا تَكُن مُتَرَدِّدا

إنّ القلــوبَ إذا اكتَـوَتْ بِصَبَابَةٍ
تُـرْخِي جنَـاحَ الــذّلّ كَـيْ تَتَوَدَّدا

والعَيْـــنُ إنْ تَــاقَتْ إلى مَحْبُوبِها
بَـاتَ السُّهَـادُ بهَـذْبِهَا مُتَـلَبِّدا

والرّوحُ لمّـا تكتَـوي بلَـهيبِها
تَـنْسَابُ في العَليَاء نُوراً سَرْمَدا

وَأنــا.. وَإنْ حَـاوَلتُ كبْتَ تَوَلُّهِي
نـفسٌ تَتُوقُ.. لِكيْ تَكونَ الفرْقَدَا

تُلقي عَلى العُشّاق بَعْضَ وَميضِها
كالحُبِّ يَسْري بـيْنهُم طول المَدَى

وَأنـا.. وإنْ صَدَقَـتْ نُبُـوءَةُ أحْرُفي
رُوحٌ كَـريمٌ يَقتَفِـي رَجْعَ الصّـدَى

ويُغـالِـبُ الأحْـزَانَ دُونَ تَـرَدُدِ
كيْ تُورقَ الأغصَانُ في رَمْسِ الرَّدَى

وَيَفيضَ وَجْدُ الصّـابـرينَ على اللّظى
فَتُـعَانِـقُ الأرْوَاحُ قَـلْـبـيَ سُجَّدا

نَفَحَات

فَتَّحْتُ عَيْني بِوَجْهِ الشَّمْسِ مُؤْتَلِقا

فاهْتَزَّ قَلْبي وَفَاضَ الحُبُّ مُزْدَحِما

مَا أَجْمَلَ الكَوْنَ حينَ نَحْتَسِي فَرَحا

يُضَمِّدُ الجُرْحَ كَيْ نَلْقاهُ مُلتَئِما

نَاجَيْتُ رَبّي بِمَا أُوتِيتُ مِنْ كَلِمٍ

فَارْتَدّ صَوْتي مِنَ العَلْيَاءِ مُنْسَجِما:

«أبْشِرْ مُرِيدي فبَابُ العَرْشِ مُنْفَتِح

وَاعْرُجْ بِرُوحِكَ نَحْوَ النّورِ مُبْتَسِما»

توَلّه

أُسْكُبْ رُضَابَكَ في زُقَاقِ مَدِينَتِي
كَيْ يُدْرِكَ النّسّاكُ هَوْلَ خَطِيئَتِي

وَانْثُرْ حُرُوفَكَ في مَوَاوِيل الهَوَى
عَلَّ الحَيَارَى يُنْشِدُونَ قَصِيدَتِي

في بَاحَةِ الحَيِّ العَتِيقِ وَدُورِهِ
وَيُبَلّغُونَ مَوَاجِعِي لِحَبِيبَتِي

كَيْ يَعْلَمَ الأَهْلُونَ أَنَّ غِيَابَهَا
فَقْدٌ مُذِلٌّ يَسْتَبِدُّ بِطِيبَتِي

الحُبُّ يَا مَوْلَايَ سَيْلٌ جَارِفٌ
طُوفَانُ نُوحٍ هَدَّ بَابَ سَرِيرَتِي

وَالـشِّـعْـرُ يَـا مَـوْلايَ وَحْـيٌ صَـادِق

يُـذكي الـصَّـبَـابَـةَ فِـي عُـيُـون خَـليلَـتِـي

اِرْكَــبْ جوادك وَالْـتَـحِــقْ بِـركَـابِـهَـا

فَـهْـيَ الأَنَـا،وَهْـيَ المُـنَـى..وَطبِـيـبَـتِـي

تَغْرِيبَةُ الطّينِ.. والمَاء

قالـتْ: تَمَهَّـلْ... فَأَنْتَ اليَومَ تُضْنِينِـي

قلتُ: اعْذُرِينِـي.. فمَا عادَ الهَـوَى دِينِي

سَئِـمْـتُ قَلبـاً مُعَنّـى.. لسْتُ ألقَـاهُ

إلّا.. فُتَاتاً.. تشَظَّـى.. فـي شَرَايِينِـي

إنْ قلـتُ: مَـا أجمَل الحُـبَّ الذِي يَغْتَـا

لُنَا.. سَـرَى بَيْنَهُم.. نَبْـضٌ يُنَاجِينِي

يُرَاقـصُ الرّوحَ.. فـي شَـوْقٍ وتَحْنَانِ

ويَرْسُـمُ العُمرَ.. لَوْحَـاتٍ تُسَلّينِـي

وإنْ شَكَـوتُ.. مِـنَ الخِـلّانِ أثْقَـالا

قالـتْ: «تَذَكّرْ.. بـأنّ الوَصْلَ يُحْيِينِي

أَمَـا عَلِمْـتَ بِـأَنَّ الْبَـدْرَ إذْ يَـزْهُـو
تَبْـدُو مَحَاسِنُـهُ.. لِلْخِـلِّ في الحِيـنِ؟

فاجْمَعْ شَـتَاتَكَ.. واسْتَعْذِبْ مَوَاوِيلـي
وارْقُـصْ بِلا خَجَلٍ.. واحْضُنْ فَسَاتِينـي

دَعْ عَنْـكَ لَوْمِي.. فَنارُ الشَّـوْقِ تَكْفِينـي
إنِّـي الْمُتَيَّمَـةُ الوَلْهَـى.. فَكُنْ طِينِـي»

قلتُ: ارحَمِينِـي.. فقَـدْ هَدَّمْتِ أرْكَانِي
مُذْ غِبْتِ عنِّي.. وجِئْتِ الآن تَرْثِينِـي؟!

خَريفٌ عَلى رَصيفِ القَلب

أخافُ

منَ الهَجرِ

مُذْ كُنتُ طفلاً

وَأرنـو

إلى الوَصلِ

دُونَ تَأَنٍّ

فأهرَبُ منّــي

إذا خابَ ظنّــي

وأيقنتُ أنّــي

صريعُ الهـوى

وَجُنُون التمنّــي

هِيَ النّارُ تَسْــري

بكُـلّ كِيَانِــي

بـهَا مُـذْ خُلِقتُ...

إلهِــي ابْتَــلاِنِــي

أهِيمُ بِقَــدٍّ

رقيقِ الصّفَــات

بديـع الجَمــال

كَمَا الخَيْــزُرَانِ...

وخدٍّ أسِيــلٍ...

كوَردِ الرّبيـــع

شَديد احْمِرارٍ

كمَا الأرجُـــوانِ

وثغرٍ شَفِيــفٍ

بـــه عقدُ ثلــج

بَـدَا فـي الظّلام

كمَا الأقحُـــوان

وحيــنَ التَقَيْنَـا

رَمَانـا الوُشَـاةُ

بأقسَــى المَعانـي

فهَـدّوا السّرَايَـا

وصَفْـوَ الأمَانـي

وأضحَى رَبيعـي

خَريفاً عَقيماً

بلا عُنـفُـوان.

أيـنَ حَـرْفِـي.. وَالمِـدَاد؟

اِسْـأَلُوا الحَـرْفَ لِمَـاذا   لَـمْ يَعُـدْ يَقْـرَعُ بَابِـي

كلّمـا فاضَتْ شُـجُوني   شَـاقَنِي حُـسْـنُ الخطاب

أيْنَ شِعري.. أيْنَ حِبري   أيْنَ لَوْحـاتُ اغترَابي؟

أين نبْـضُ الـرُّوح لمّا   تَـاهَ قلبِي في السَّـرَاب

إذْ أَبَـى حَرْفِـي وَدَمْعِي   أنْ يَبُوحَـا باكتِئَابِـي

مَـا أمَـرَّ العَيْـشَ لَـوْلا   قَلَـمٌ.. يَمْحُـو غِيَابِـي

بِمِـدَادٍ مِـنْ فُـؤَادِي   وَقُطُـوفٍ مِنْ كِتَابِـي

يوليو 2021م

فِي مِحْرَابِ الـهَوَى

لـمّا وَقفْتُ عَلـى رَصِيفِ دُرُوبِـهِ
اِهْــتــزّ قَلبـي وَاكتَــوَى بِنَحِيبِـهِ

يَمّمْــتُ وجْهِـي نَحْوَ هَالَـةِ نُورِه
وَدَنَـوْتُ مِـنْ عِطْرِ الـمَزَارِ وَطِيبِـه

غَالبْتُ ظِلّـي وامْتَطيْتُ مَواجِعِي
فاشتَـدّ شَوْقي للـهَـوَى.. وَلـهِيبِـه

رَدّدْتُ وِرْداً مِـــنْ تَـرَاتِيــل الجَوَى
وَنَـزعْتُ مِنّـي الطّينَ قَبْلَ كَثِيبِـه

وَنَظـرْتُ في عُمْق المَدَى مُتَسَائلاً
عَـن بَـلـسَـمٍ لِمُتَيّـمٍ بِـحَبِيبِـه

فَإذا السَّمَاءُ تَمَايَلتْ.. وَتَضَاءَلَتْ
وَالنَّفْسُ سَكْرَى بِالصَّبَا وَدَبيبِـهِ

وَالـرُّوحُ فـي عَلِيَائِهَـا مَزْهُـوَّةٌ
بِـالكَـوْنِ لمَّـا يَحْتَفِـي بِحَسِـيبِـه

أغسطس 2021م

يَا لائِمِي

أَسْرَجْتُ حَرفِي فَتِيلاً في ظَـلامِهِمُ
مَـا أثقلَ الدّهـرَ لـولا فُسْحَةُ الشّعـر

يَا لائِمِـي في الهَوَى، اقـرَأ مَلَامِحَنَا
عَـلَّ الـمَجَازَ يُجَلِّـي خفْقَةَ الصّـدْرِ

تـراتيـل

رَجَـــوتُ مِنَ الله.. عَفواً وَلطـفـا
فَفَاضَتْ دُمُوعي فُيوضاً ونَـزْفـا

رفعـتُ يَـديَّ أغـالـبُ ذنْـبـي
فتـاةَ لِسَانـي ارتَبَـاكاً وخَـوفـا

تَـأمَّلـتُ ظلّـي.. لَعَـلّـي أرَانـي
وَجِلْـتُ، وَقُلـتُ: «أيا ربُّ: حَرفـا

يُـشخّص حَـالي.. فأُنْشِدُ شِعْراً
يَـزيدُ اللِّقاءَ.. بـهَـاءً وَظُـرْفـا»

تعَـالتْ تـرَاتيلُ قلبـي ودَوّت
بـلـحْنٍ مِن الرّوح قدْرَقّ عَزفا

إلى النّور يَمّمْتُ وَجهي وَنبضي
فأصبَحْتُ فـرداً.. يُـعادِل ألـفا

نوفمبر 2021م

فِجاجُ الحُلـم

نَسِيــرُ وَقَــدْ تُهْنَــا وَتاهَــتْ عُقُولُنـا
كَغُصْنٍ غَضِيـــضٍ، انْثَنَى في حُقُولِنَا

نَـوَدُّ مِـنَ الدّنيَـا جَـلَاءَ هُمُومِـنا
فَتَأْبَى التَّغَاضِـي.. عَـن خَفَايَا صُدُورِنا

لَنَـا التّيــهُ.. والأَحْـــزَانُ دُونَ تَرَفُّـق
كَـأَنّـَا خُـلِقْنَـا للـرّزَايَـا تَـقُودُنـا

سَلكْنَـا فِجَـاجَ الحُلم نَأمَـلُ ريحَهَا
فَبانَـتْ.. وَبَـاتَ القَلـبُ يَبْكِي شُرُودَنـا

أَيَــا رَبّـَـةَ الأشْجَـانِ خَلّـِي سَبِيلنَا
وَهَـذا التّجَنّـِي.. وانْتِـهَاكَ سُرُورِنَا

وَيَــا أرضَنَــا الجَدبَــاءَ جُودِي بِنَبْتَــةٍ

تُذِيــبُ جَليــدَ اليَأسِ.. تُحْيِــي نُفُوسَنَـا

وَيَــا طَائــرَ الفِينِيــقِ، انْثُــرْ رَمَادَنَا

عَلــى كُــلِّ سَفْحٍ.. كَــيْ يُعَادَ نُشُورُنَـا

وَيَــا مَريَم العَــذرَاء هُــزّي بِنَخلِنَـا

ولا تَحْــرِمِــي الأَحْبَابَ طَعْــمَ تُمُورِنـا

ويَــا يُوسُف الصِّدِّيــق عَلِّــمْ وَلِيدَنَــا

أصُــولَ الهَوَى وَالعَدْلِ.. كَيْ لَا يَخُونَنَــا

وَيَــا صَبْــرَ أيُّوب المُدَجَّــج بالرّجَـا

تَــرَفَّــقْ بِنَــا وانْثُــرْ سَــلاماً بِدُورِنَـا

بالحِبْرِ السِّرِّيّ

وكـمْ كانَ في القلبِ شَـوْقٌ إليكُم
ولكِـنْ... أَرَاكُـم أَبَيتُـم حُضُـوري

ألا تعْلـمُـونَ بأنِّـي الضِّيـاءُ
أُنيـرُ الـدّرُوبَ بِـبَـرْقي ونُورِي

وأنّـي مَعِينٌ رقيقٌ جَسُـور
يَفِيـضُ بِـمَـاءٍ زُلالٍ طهُـور

وأنّـي قصِيـدٌ بَديعُ المَعَـانـي
يَهُـزُّ القلـوبَ بِفَيْـضِ السُّـرُور؟

لَعَمْـرُكَ لـنْ يَسْتَقيـمَ الـوُجُودُ
سِـوَى مِن حُرُوفِـي وعِطرِ مُرُوري

2021/12/28م

حَديثُ الهَوى

اعْذُرِينِي.. فالأَمَانِي   كلُّهَا أمْسَتْ سَرَابا

خِلتُ أنّي سَوفَ أحيَا   سَيّداً حُرّاً مُهَابا

أرسُمُ العُمْرَ وشاحاً   ونَعيماً مُسْتَطابا

غيرَ أنّ الدّهرَ يَصْبُو   أنْ يُجازِينا اكْتِئابا

يا فُؤادي.. أينَ نَمضِي؟   ليْتَني ألقى الجَوابا

نَجمَةُ الصُّبحِ تَوَارَت   دُونَ أنْ تَخشَى الغِيابا

وأنَا لَيلِي طويلٌ   أرتَجِي مِنهَا كِتَابا

فابعَثِي بالوَصلِ رُوحاً   فَقَدَتْ فِيكِ الصّوَابا

* * *

دَرْبُ الهَـوَى

أحْـزَانُ قلبي لهَـا الأبْـوَابُ مُشْرَعَـةٌ
فِــي كفّهَا النّـارُ أو في كفّها الجَمْـرُ

تمْضِي السّنُونَ وَنبْضُ القلب مُرْتـجِف
لا يَشْتكي الجُرْحَ مَنْ قدْ زانهُ الصّبْـرُ

العَيْــنُ قَائِمَـــةٌ والنّفْـسُ سَاهِمَـة
والــرّوحُ هَائِمَـةٌ قدْ هدّهَا الهَجْـرُ

كانتْ تَجُرُّ كـؤُوسَ الصّبْرِ في لَجَجٍ
حَتّى بَدَا طيْفُهَا أجْراسُهُ الطّيْـرُ

رَفْـرَافُ أَجْنِحَـةٍ حَمَّـالُ أَقْنِعَـة

فِي صَوْتِهِ العَـذبِ أَلْحَـانٌ هِـيَ السِّحْـرُ

يُنْعِشْـنَ ذا السُّهْدِ حَتّى يَنْتَشي طَرَبـاً

يَبْعَثْـنَ فِي القلبِ أنْـوَاراً هِـيَ البَـدْرُ

يَهْتَـزُّ مُنْفَعِـلاً.. يَرْتَـدُّ مُنْشرِحاً

يَصْبُـو إلـى زَمَـنٍ أنْفَـاسُـهُ العِطْـرُ

يُلقِـي مَوَاويـلَ أشْجَـانٍ تُطَـوّقُـه

مُسْتَبْشِـراً حَالِـماً نِبْرَاسُـهُ الفجْـرُ

لا شَــيْءَ فِي الكوْنِ بَعْدَ الوَجْدِ يُقْنِعُه
أنّ الحَيَــاةَ رتـاجٌ عِطْــرُهُ الزّهْـــرُ

وَأنّ دربَ الهَــوَى بَــذْلٌ وَتضْحِيَـةٌ.
مِنْ أجْـل فَاتِنَـةٍ في وَصْلِهَا البِشْــرُ

لا تـقْـــرَب الخِـــلَّ إلاّ طــالــباً وَطَنــاً
وَلْـتُـحْــسِـن الصّبْرَلوْقدْخَـانَك الدّهْـرُ

إنّ المَحَبّـــةَ نُــورُ الله يَجْمَعُـنَـا
لا يَعْرفُ الحُـبَّ مَـنْ في طبْعِهِ الغَـدْرُ

دَفْقٌ سَاطع.. فِي عَتمَة القلب

دَعُـوني وَحِـيداً لأخْـفِـي جَفائـي
وَأبْحَـثَ عَنّـي، وَعَن سِـرّ دائـي

لقَدْ ضَـاعَ خِلّـي، وَتَـاهَ دليـلـي
فأمْسَـيْـتُ وَحْـدي، أجُـرُّ اسْتِيائـي

أجُـوبُ الفَيَـافِي،أطُـوفُ الصّحَـارَى
أغَـالِـبُ شَـوْقِـي، وَرَجْـعَ العُـوَاءِ

وَحِـينَ الْتقَيْـنَـا، اكْفهَـرّتْ دُرُوبِـي
وَدَوّتْ رُعُـودِي، وَفَـاضتْ بِمَـاءِ

***

«ألا تـسْـمَـعِـيــنَ؟ ألـسْـتِ الـتـي قَـدْ
هَـوَتْ وانْـتـشـتْ، ثُـمّ خَـانَـتْ وَفـائـي؟

دَعِـي غـدْرَكِ الـمُـسْـتـفِـيـضَ وَدَاوِي
جُنُـونِـي بِـوَصْـلٍ يُـعِيدُ صَفـائـي

فَـلسْــتُ أبَـالِـي إذا مَـا الـتـقـيْـنَـا
بعِــبْـءٍ الـغِـيَـابِ وعُـسْــرِ اللّـقـاءِ»

***

أَيَـا قَلْـبُ هَـوّنْ عَلَيْـكَ فَإِنّي
سَئِمْـتُ البُكَـاءَ وطُـولَ الـدُّعَـاء

وَيَـا نَفْـسُ هُـزّي إِلَيْـكِ بِشَـوْقٍ
وَتَـوْقٍ وَعِشْـقٍ يُجَـاري رَجَائِـي

يُعَـتِّقُ رُوحَـكِ طُهْـراً وَوَجْـداً
وَيَبْعَـثُ فِيهَـا ضُـروبَ الضّيَـاءِ

فَتَـزْهُـو الـدُّرُوبُ.. وتَلْـهُو القُلوب
بِفَيْـضِ احْـتِـوَاءٍ، وَدَفْـقِ انْتِشَـاءِ

***

رسَـالة حُبّ

يَــا دَارَ عُقبَةَ فـي الحَـرِير تَمَدَّدي
وَعِمِي دُهُـــوراً دارَ عُقْبَة واسْعَدِي

يَا بَهْجَــةَ الأحْـلامِ.. يَا كَنَفَ المُنَى
يَا قِبْلـةً للنّـاسِكِ المُتَعَبِّد

هَــلّا عَلِمْـتِ بِعَـاشِقٍ مُتَوَدِّدٍ
يَـصبُـو إليْـكِ بِـحُبِّـه المُتَفَـرِّد

قَــدْ كَـانَ يَسْـألُ كُـلَّ دَرْبٍ مُقْفِرٍ
عَمَّـنْ تَحَـلَّـتْ بـالعُـلَا.. والسُّؤدِد

حَـتَّى بَدَتْ بِجَمَـالِهَا وَحُضُـورِهَا
تَـكْـوِي القُلـوبَ بحُسْنِهَا المُتَوَقِّد

فَتَسَمَّرَ المَفْتُونُ يَطلُبُ وِدَّها
وَسَرَى الهَوَى فِي قَلْبهِ المُتَجَلْمِدِ

يَا قَيْرَوانَ المَجْدِ جَاءَكِ هَائِمٌ
يَشكُو الجَفَاءَ بِوَخْزِهِ المُتَعَدِّدِ

فَدَعِي التَّمَنُّعَ قَدْ سَئِمْنَا بُعْدَنَا
وَاشْفِي العَليلَ بِوَصلِكِ المُتَجَدِّدِ

عَلى قارِعَة الغَزل

للقلـــب أبـوابُـهُ أجرَاسُهَـا نَغَـمُ

تَـشْـــدُو بـفاتنَـة فِـي قلبِهـا صَمَـمُ

ضَاعَتْ مَوازينُهَا فِي لحْن أغْنِيَة

جَفّـت لأشْـجَانـهَا أجْفَانُ مَن ظُلِمُـوا

حَسْنَاءُ تـمْشِي الهُوَيْنـى وهْي تـائِهَة

تـهُـزّ عَرْشَ الحَيَـارَى حِين تَبْتَسِمُ

لاطفتُهَـا زمَنـاً لكنّـها امْتَنَعَـتْ

فَصِرْتُ أهْـذِي كمَنْ أصَابَـهُ النّـدَمُ

مَـرَّتْ تُدِيـرُ إلَيْهَا كُـلَّ مُنْشَغِـل
بِمِـشْيَـةٍ زَانَهَـا الإيقَـاعُ والنّغَـمُ

القَـدُّ كالغُصن مَيَّـالٌ إذا عَـبَرَتْ
يَسْبِـي العُقُـولَ وَيَشْفِـي مَنْ بـه ألَـمُ

الوَجْـهُ بَدْرٌ يُنِيـرُ الـدَّرْبَ مُؤتلِقاً
والثّغـرُ كنزٌ سَهَـا عَنْ وَصْفِـهِ القلَـمُ

أمَّـا العُيُونُ فَفِـي أهْدَابِـهَا حَوَرٌ
يَرْسُمْن باللَّحْظِ جُرْحاً لَيْسَ يَلْتَئِـمُ

وَقُرْطُهَا الْمُتَدَلِّي سَاحِرٌ نَضِرٌ

يَغْشِي الْمُرِيدِينَ نُورٌ مِنْهُ يَضْطَرِمُ

فقلتُ يَا شَمْسُ مَهْلاً إِنَّنِي رَجُلٌ

يَخْشى الْغَرَامَ.. بِقَلبٍ هَدّهُ السَّقَمُ

هُزِّي إليكِ بِرُوحِ الْعاشِقِ الْوَلِهِ

يَرْجِعْ إِليهِ صَوابُ الْبَوْحِ والكَلِمُ

إِنّ الجَمَالَ جَمَالُ الرّوحِ لا الْجَسَدِ

والحُبُّ نَبْضٌ بِهِ نَحْيَا ونَعْتَصِمُ

فَاتِنَةٌ.. هِـي القَيْرَوان

هَلْ تُرَى يَا قَلْبُ تُبْـتَ   أم هَوَاهَـا لا يُـهَـانْ

غَادَةٌ تَسْبِـي العُـقُـولَ   وَشَـذاهَـا أُرْجُــوَانْ

زَادَهَا التَّارِيخُ مَجْـداً   وَحَبَـاهَـا بالأَمَانْ

دَارُ أُنْـسٍ.. بَيْتُ عِــزٌّ   فَيْضُ حُـبٍّ.. وَحَنَـانْ

سُورُهَا حِصْنٌ حَصِينٌ   لا يُعَادِيـهِ الـزّمَـانْ

مَاؤُهَا عَـذْبٌ زُلالٌ   يَشْتَهِيـهِ الأصْغَرَانْ

مَجْدُهَا جَامِـعُ عُقْبَـه   حِينَ يَعْلُـوهُ الأَذَانْ

والصَّحَابِيُّ الجَلِيـلُ   هَالـةٌ تَحْمِي المَكَـانْ

هَهُنـا.. للشّعرِ بَيْتٌ   للقَوَافي تُرْجُمَـانْ

يَحْتَفِي بالحَـرفِ خِلّاً   يَشْتَـهِيهِ الثَّقَلَانْ

وأنَـا المَفْتُـونُ دَوْماً   بالعَذَارَى وَالحِسَـانْ

أُشْـهِدُ التَّاريـخَ أنّـي   قَدْ عَشِقْتُ القَيْـرَوَانْ

تِيجَانٌ.. وَنَيَاشِيـنُ

خَـضـرَاء رُوحِي
بـهَا أَهْلِي وخِـلّانِـي
عُـلِّـمْـتُ فِيهَا
بأنَّ الـمَـجْـدَ عُـنْـوَانِي

في عِشْقِـهَـا نَغَـمٌ
يَـسْـري بـوِجْدَانِـي
كَمَا سَـرَى عَـبَـقٌ
فِـي خِـدْرِ أَلْـحَـانِي

التّـاءُ تَـوْقٌ

إلـى العَلْيَـاءِ أضنَانِي

والـوَاوُ وَعْـدٌ

لِيَشْهَدْ كُلّ إنْـسَـان

ألّا أخُـونَ..

يَداً مُـدّتْ بِـإحْـسَـان

وَأنْ أكُـونَ لَـهَـا

الجُنْـدِيَّ والـبَـانـي

وَالنّـونُ نُورٌ

مَحَا جُلْمُـودَ أحْـزانِي

كَيْ يُـزهِـرَ الحُـلمُ

في كُثْبَانِ شُطآنِـي

وَالسّـينُ سِلْـمٌ

لِكُـلّ الإنْـسِ والجَـان

بـالـحُـبّ أحْـيَا

يَـدُ الرَّحْمَنِ تَرْعَانِـي

فـي بَيْـتِ عِـزٍّ

أَنَـا وَالبَـأسُ صِنْـوَانِ

لا شَـيْءَ يُـرْهِبُنِـي

فَالنّصْـرُ نِيشَانِي

***

سَلامٌ.. على بَدْرِ التّمَام

يَا شُمُوسَ الحُبّ هَيّا   اسرُدِي أَحْلَى الحَكايَا

انثُرِي كـلّ الـدّرُوب   بالـوُرُود والـهَدَايا

وَارسُمِي في كلّ بـاب   لوْحَة مثل المَرَايَا

تُرْسِلُ النّورَ بَهيّاً   فِي الفَيَافـي وَالثّنَايـا

تُخْبِرُ الأَحْبَابَ أنّي   عَاشِقٌ فـاض هَوَايا

شِرْعَتِي حُبُّ الغَوَالي   فهْوَ رُوحِي وَ«أَنَايـا»

وَهْوَ نُورٌ قـدْ تَجَلّى   شامِخاً فَوْق السّرايا

ذكْـرُه هَمْسٌ رَقِيق   تـرْتَجِيهِ أَذْنايـا

مَدْحُهُ لحْنٌ شَجِيٌّ   تشْتَهِيهِ شفَتايَا

عِشْقُهُ هَزّ كِيَانِي   نَبْض قلبي ورُؤايا

أَشْهدُ اللّـه وَقَلْبـي   أنّـهُ بَـدْرُ مُنَـايَا

***

كَمْ كُنْتُ أَحْلَمُ

كَمْ كنـتُ أَحـلُمُ أَن أَلقَـاك مُبْـتسِماً
شـاخ الـزّمـانُ وأنـتَ الآنَ مُكْتئِـبُ

قـد تـاهَ حَرْفُك في الآهـات يَا وَلَدي
وبَـاتَ قلبُـك كالقُـمَـريِّ يَنْتَحِـبُ

كفـاك دَمـعاً مِـنَ العَيْنَيْـن تـذرفُـه
كالمَـاء يَجري عَلى الخَدّيْن يَنْسَكبُ

كلُّ العُيُون تُـدَاري الحُـزنَ من وَجَعٍ
إلّا اللّواتـي سَبَـاهَـا الوَجْـدُ والعَتَـب

والقلـبُ يَكْتُـمُ مَا في الـرّوح مِنْ وَلَـهٍ
حَتَّـى يُحَقّـقَ حُلماً كان يُرْتَـقَـبُ

وَالنَّفْسُ تَأْبَى دُمُوعَ الهَجْرِ تَشرَبُهَا
لكِنَّها تَمَقُّتُ الخِـلّانَ إِنْ كَـذَبُـوا

دَعْ عَنْـكَ عِشْقاً عَنِ الأَحْبَابِ تكْتُمُهُ
وَدَاوِ جُـرْحَـكَ.. إِنَّ القَلـبَ مُغْتَـرِبُ

إنّ الظّبَـاءَ التي قـدْ عِشْتَ تَطْـلُبُهَا
غَـابَتْ ومَـا بَقِـيَتْ تَـرْنُـو ولا تَـثِـبُ

فاقصِدْ حَبيبي دُرُوبَ الحُبّ تَسْلُكُهَا
واخْفِـضْ جَنَاحَكَ للعُشّـاقِ مَـا طلبُـوا

وَخْزُ الإِبَـر

لا تسْـألُـونـي
لِمـاذا هَـدّني التّـعَـبُ
فـالقلبُ يَنْبِضُ
والأوْصَـالُ تَنْتَحِبُ

إنْ قُـلتُ مَـهْلاً
أرَى الأوْجَـاعَ قَـدْ عَظُمَـتْ
وَإنْ غَـفِـلْتُ
تَبَدّى الوَجْدُ والعَجَبُ

الـرّوح ظـامِـئـة

والـنّـفـسُ تـائـهَــة

تـصْـبُو إلـى وَطنٍ

نِـبْـراسُـهُ الشّهُـبُ

قـدْ ضَــاعَ حـلْـمـي

وَمَــا للحُـلْـمِ مِنْ أثَـر

مُـذ طـالـعتـنـا

عُـيُـونٌ كلّـهَـا سَـغَـبُ

المَكْـرُ مَذهَبُهَا

وَالغَدْرُ شِيمَتُها

فِي طَـرْفِهَـا إبَـرٌّ

كأنّـهَا العَطَـبُ

جَـاءَتْ عَلى عَجَلٍ

تـذري مَسَاوئَـهَا

فِي كلّ ناحِيَةٍ

مِنْ وَخْـزِهَـا غَضَبُ

يَـا قـوْمُ إنّـي
لـهَذي الحَـالِ مُبْتـئِـسُ

أُخْـفِـي دْمُوعـي
وقلبـي الغضُّ مُكتَئِبُ

***

بَلى.. فاسْمَعِي

ألا تـسْـمَـعِـيـنَ؟
بَـلـى فـاسْـمَـعِـي

فـقـدْ ضَـجَّ قـلـبـي
بـمَـا تـنْـطـقِـيـن
وَخـابَـتْ ظـنُـونِـي
بـمَـا تـفـعَـلـين

ألا تـعْـلـمِـيـن

بـأنّـي طـرِيـحُ الفـرَاغ

رَمَـانِـي الـهَـوَى

في ظُـنُـون التـمَني

وَأمْسَيْتُ كـالـرّيـش

حِـيـنَ تـهُـبّ الرّيـاح

أحَـلّـقُ دَهْـراً

بـلا هَمَـسَـات

وَأحْـرَمُ حَـتّـى

مِـنَ التَّمْتَمَـات

فَمَـاذا أنـا لَـوْ

مُـنِـعْتُ مِنَ البَـوْح

وَالحُـبّ والأمْنِـيَـات؟

ألا تَـرْحَـمِـينَ؟

بَـلـى فـارْحَـمِـي

أنـا العَـاشِـقُ المُـسْتجيـرُ

مِـنَ النّـار بـالنّـور

أتُـوقُ إلى الـوَصـلِ

رَغـمَ الـغِـيَـاب

وَأصْـبُـو إلى هَـمْـسَـة

مِـنْ جِـدَارِ السُّـكَـات

تـهُـزّ كِـيَانِـي بِـفَـيْـضٍ

مِنَ الشّـوْق وَالأمْنِيَـات

وَأرْنُـو إلى نظرَةٍ كالشّـهَـاب

تُنِـيرُ اللَّيَـالي.. بِـدَفْـق مُثِير

كَمَـا الأحْـجِـيَـات

وَتـبْـعَـثُ في القـلـب

مَوّال نـبْـضٍ

بـلا غـمْـغَـمَـات

ألا تـسْـمَـعِـين؟

بَـلـى فاسْـمَـعِـي

أنـا الـشّـمْـسُ

حِـين يَـهِـلّ الشّـروق

أنـا الـهَـمْـسُ لـمّـا

يُـطلُّ الغُـروب

أنـا الـلّـيْـلُ.. والفـجْـرُ

وَالشَّـوْقُ وَالـحُــبّ
وَالـوَجْـدُ.. وَالأغْنِيَـات
وَأنـتِ الـهَـوَى.. وَالـرّؤى
وَرُوحٌ تُـرَفْـرِفُ
في عَتَـبَـات السّمَـاء.
تُـنـاجي المُريدِيـن
في خُـيَــلاء
فيُـزهِـرُ حُـلمٌ

بـحَـجْـم الـرّبـيـع

شفيفاً.. رَقيقاً

كـنُـورٍ تـجَـلّـى

وَطـيْـفٍ مِـنَ الحُـبّ

وَالـذّكـريَـات

ألا تـفـهَـمـيـنَ

بَـلـى.. فـافـهَـمِـي

سبتمبر 2021م

تَرَاتيــل الـمَسَـاء

وَعِند الـمَسَاء

تَعُودُ الطّيُور لأوْكارهَا

ويَجْثُمُ ليلٌ ثقيلٌ

على غُرفتِــي النّائِيَــهْ

يُضَاعِفُ حُزنِــي

يُسَرِّعُ نَبْضِــي

وَرَغْمَ التَّهَــاوِي

أطاردُ خَوفِــي

أعانِدُ ضَعفِــي

أحَدّقُ نَحْــوي

فلا أجدُ القدرَةَ الكَافِيَـهْ

لكيْ أكتُبَ القصّةَ الكَامِلَـهْ

وأخْبِرَ كلّ السّهَــــارَى

بأنّ الهَوَى فَيْضُ شَوقٍ

وَأضغاثُ تَــوْقٍ

إلـى لَحْظَةٍ فارِقَـهْ

...

وعِندَ الهَزيعِ الأخِيرِ منَ اللّيْل

تُشرِقُ نجمَتُنا السَّاطِعَـهْ

يُنَاغـِي سَناهَا ضَجيجٌ بِقلبِـي

فَيَبعَثُ فينَا صَفَاءً وحُبّاً

نغنّـي سَوِيّاً تَراتيلَ وَجْـدٍ

وَنَـهتَـزّ رَقْصاً.. كمنْ جُنَّ أو قَدْ

أُصِيبَ بِمَسٍّ

فَيمتَدّ صَوتٌ مُدَوٍّ يَشُقُّ عُبابَ المَدَى:

«أيَا ليْلُ.. هَوّنْ علينَا

لِقاءَ الأَحِبّةِ.. في هَذهِ الظّلمَةِ الحَالِكَـهْ»

أغسطس 2022م

هَمْسَة سَهَر

يـا أيُّها اللّيلُ الـمُدَجَّجُ بالأَسَى
اِجْمَـعْ همُومَك وَارتَحِل يَـا بَائسا

إنّ الحَيَـاةَ شَـجِيَّـةٌ أَنْغامُهـا
والعَقْلُ يَأْبَـى أَنْ يَكُونَ مُوَسْوِسا

غُمُوض

بيْـنَ قلبـي والنّجُـوم	نَبْضَـة هَزّت كيَانـي
كُلمّـا غالبْـتُ حَرفـي	أشتَهـي وَصفَ الحِسَـان
شَاقَنـي حُلوُ الكَـلام	وتَنَاسَتنِـي المعَانـي
فاتّخَـذْتُ الدّمعَ حِبْـراً	والهَـوَى سِفْرَ الأمَانِـي
أكتُبُ العُمْـرَ قَصيـداً	غامضاً مِثـل الـزّمَـان

***

حُلمُ اللِّقاء

وَعنـدَ المَسَـاء

أضـمِّـدُ جُـرْحِي

ألْـمْـلِـمُ حَـرفِي

وأكـتُـبُ بِـالـدَّمْـع

قِـصَّـةَ حُـبّ

تَـهُـزّ الـكَـيَـانَ

وتَـبْـعَـثُ في القلبِ

نَـبْـضاً.. كما الأُمْـنِيَـات

تَـدُكّ سُـكُـونِي

بِـهَـمْـسِ الفـرَاغ

تَـهُـدُّ حُـصُـونِـي

بِـوَخْـزِ الـغِيَـاب

أُغَـالِـبُ شَـوْقِـي

بِـحُـلـمِ اللّـقَـاء

أُهَـدْهِـدُ قَـلـبِـي

بِـطُـولِ الـرَّجَـاء

وأسْـألُ لـيْـلِـي

عَـنِ الـحُـبّ والـهَـجْـرِ

والـوَجْـدِ والـغَـدرِ

والـكـبْـريَـاء

فـيَـضْـحَـكُ مِـنّـي

ويُـعْـرِضُ عَـنّـي

وَيـسْـألُ رُوحِـي

عُـرُوجاً إلـى الله

حَـيْـثُ السّـكِـينَـةُ

والنّـور

والكبرياء

12 مارس 2022م

جَرّة قلم

هــذا الـمَسَاء مُضَمّــخٌ بِبَرَاءتــي
واللّيــل يرقُـصُ عاشِــقاً.. لِصبابتــي

يَهْتَــزّ عرشُ الحَرفِ حِين أصوغُـه
ويَفِيـضُ نبـضُ البَـوْح عنـدَ كتابَتــي

تَزْهُـو الـمَعَاني عنـدَ نَظم قَصَائـدِي
ويَمِيـل غُصـنُ البـانِ عنـدَ قِراءَتــي

تضطفُّ أسْـرارُ الـمَجَازِ.. ويَحْتَفِــي
بَدْرُ الـدُّجَــى بِخَطَابَتِــي.. وفصَاحَتـي

يَـا سَائِــلاً.. عنْ سِرّنا.. هـذا أنــا
في كَوكـبِ الألغــازِ أرْفَعُ رَايَتــي

أوجـزتُ قَوْلـي كـــي يَكُونَ كنَايَــةً
عن بَعْضٍ مَا قَـد تَقْتَضِيهِ بَلاغَتــي

2022/4/11م

يَا وَيْلَهَا

قالَـتْ وقَد فُقِـدَ الأمانُ بقلبِهَـا
إنّ الحَيَـاةَ سَـآمَةٌ.. يَـا ويْـلَهَا

فَدَنَـوْتُ منهَـا هَامِساً: أَ بُنَيَّتِـي
لا تَجْزعِي.. وَاسْتَمْتِعِي بِجَمَالِها

فهيَ الهَـوى إنْ طهروك بعطرها
وهيَ الشّفَـا.. إنْ دَثّروكِ بِمائهَـا

وإذا سَـئِمْتِ هَوَاءَهَا وَصفَاءَهَا
شـاخَ الزّمانُ وَكَشّرَتْ أنْيَابَهَـا

فاسْتَبْشَـرَتْ وتَبَسّمَتْ ثُمّ انْبَرَتْ
تَسْتَعْذِبُ الأنْغَامَ رَغْـمَ شَقَائـِهَا

2022/6/20

عِـزّةُ نَفـسٍ

خُذْ مـن سُهَـادِك قِرطَاساً ومِحْبـرَةً
وارْسُـمْ بِقَلبـي حُرُوفاً كنتَ تكْتُمُـهَـا

إنّ الصّـدُودَ يُذيـبُ القَلـبَ يُؤْرقُـهُ
والوَصْـلَ يَشـفِي كُلومَ الرّوح، يُسـعِدُها

يَـا لائمـي في الهَـوى.. احْذَرْ مُعَانَدَتي
إنّـي سَئِمْـتُ جِراحاً أنـتَ خادِشُهَـا

إنّـي هُمَـامٌ أَدَاري الغَيْـظ أكتُمُـهُ
لا أقْبَـلُ الضّيْمَ.. والأحْقَـاد أمْقُتُـهَا

إنْ كَانَ غَـرّكَ أنّ الحُـبَّ يأسرني
فالنّفسُ تأبَـى التّجَنّـي.. يَـا لَعِزّتِـهَا

يوليو 2022م

دَثِّرُوني

دَثَّرُوا قلبـي المُعَنّى   في دَياجِيـر الظّـلَام

واسْكبُوا أكْواب حُزنـي   فـي مَتاهَاتِ الغَـرَام

فأنـا اليَـوْمَ طَريـدٌ   أسـألُ الدّهـرَ السّلَام

قُدَّ لَحمِي مِنْ حَنيـن   مِـنْ ودادٍ.. مِنْ وئـام

غَيـر أنّ العُمْرَ أضحَى   أخطُبُـوطاً مِنْ سَقَـام

كـلّما لاطَـفْتُ خِـلّاً   هَدَّ حُلمِي بالـخِصَـام

أغسطس 2022م

فَيْضُ الخَواطِر

إنّـــي وإنْ كنتُ الكثيـــرَ كلامُـه
حَفّاظُ أسرارٍ أصُونُ عَشِيـرَتِــي

أرنُــو إلــى العَلْيَاءِ دُونَ تـرَدّدٍ
وأُعَدّلُ الأوتَـــارَ عِندَ مَسِيـرَتــي

لا أرْهَبُ الأهْوَالَ مُنذُ طُفُـولَتِــي
فاللّيلُ خِلّـــي.. والقِفارُ خَريطَتي

والشّيحُ عِطري والجبالُ مَوَاطِنــي
والخيلُ تَرْجُو أنْ تَكُـونَ مَطِيّتِــي

لِــي في السُّكُوتِ مآثِرٌ ومَوَاعِظ
وإذا نَطَقتُ.. فذاكَ صَوتُ سَريرَتِي

كـلّ الحُروفِ إذا كتبْتُ تُطِيعُنــي
وإذا نظمتُ الشّعرَ.. يَا لَقَصيدَتــي

***

لا يَستَقِيمُ الدَّهْرُ وَالمَرْءُ أَعْوَجُ

لا خِـلَّ لِلمَـرْءِ بَعْـدَ اللهِ يُؤْنِسُـهُ

إِلّا الـذِي يَكتَـوِي بِالحُـزْنِ وَالكَـدَرِ

يَعْقُـوبُ.. يَا مَنْ يُدَارِي دَمْعَـهُ كَمَـداً

كفكف دُمُوعَـكَ.. لَا تَقْسُـو عَلَى البَصَرِ

إِنْ كَــانَ يُوسُـفُ قَـدْ آذَاهُ إِخْوَتُـهُ

فـاللهُ وَحْـدَهُ يُنْجِينَـا مِــنَ الخَطَـرِ

إِنّ النُّفُـوسَ التِـي فِـي طَبْعِهَا حَسَــدٌ

تَسْتَعْذِبُ الغَوْصَ فِي مُسْتَنْقَعِ الضَّـرَرِ

يَا رَبُّ إِنِّـي سَئِمْتُ الغَدْرَ.. مُنْكَسِـرٌ

لَيْلِـي ثَقِيـلٌ.. كَجُلْمُودٍ مِنَ الحَجَـرِ

قَلْبـي مُعَنّـى.. بِـآلَام تُـؤَرِّقُـهُ
وَالرُّوحُ كَلْمَى.. وَدَمْعُ العَيْـنِ كَالـمَطَـرِ

لَا يَسْـتَوي الدّهْـرُ.. وَالأَحْلَامُ قَدْ نُسِـفَتْ
فَلْتَكْـفِ عَبْـدَكَ شَـرَّ الجِـنِّ وَالبَشَـرِ

أغسطس 2022م

أرقٌ.. علَـى أرَق

يا ليلةً تَزْدَادُ

بُؤْساً كلّمَا

حَدّثتُ نفسِـي

عَنْ عَنَاءِ رَحيلِهَا

الحبُّ فيها

ذكريَاتٌ مُرْبِكَهْ

والهَجْرُ نَارٌ

أكْتَوِي بِلَهيبِهَا

هَذي عُيُونِي

أسلَمَتْ عَبَرَاتهَا

والرّوحُ ظَمْأى

تَنْتَشِي بِنَحيبِهَا

أمّا الـمَوَاجعُ

فالقُلُوبُ ضِفَافُهَا

تُذكِي سَعِيراً

خامِداً بسَدِيمِهَا

هجر الكَرَى

أجفانَنَا.. يَا سُهْدَهَا

هَل تَستَكِينُ العَيْــنُ

دُونَ مُرِيدِهَا؟

أغسطس 2022م

لَنَا السَّيفُ والحَرفُ

عَصِــيٌّ عَليـكَ صُعُــودُ الجِبَال

وأصْعبُ منهُ ركُــوبُ الخَيَــــالِ

فَفـوقَ الصّخُورِ شُـموخٌ وعِـــزٌّ

ودونَ طُمُـوحٍ.. تَطُــولُ اللَّيَالِــي

تـهُونُ عَلَيْنَا صُرُوفُ الـزّمــانِ

إذا قَايَضُوهَا بِصَبْــرِ الرّجَــالِ؟

فنحنُ الحُرُوفُ وسِــحـرُ المَجَــــاز

ونَحنُ الأُلَــى يَطلُبُونَ المَعَالِــي

لَنَــا السَّــيفُ والرُّمحُ فَتكاً وَبَطشاً

وَإنْ قاتَلُونَــا.. لنَــا فِــي القِتَــال

فَإمَّــا حَيَــاةٌ بِحَجــمِ الفُصُـول

وَإمَّــا مَمَــاتٌ بِسَهْــمِ النِّبَــالِ

أغسطس 2022م

شَمْسُ أيْلُول

يَا شَمْسَ أيلـــولَ الحَزِينِ تَمَهّلِــي

لِي فِي سَنَاكِ تَمِيمَةٌ.. لا تَرحَلِي

فَأنَــا المُتَيّـمُ بالتِــي أحْبَبْتُـهَا

أحْتَاجُ نورَكِ كيْ أغِيظَ عَوَاذِلِــي

نُورٌ سَيعْشِي عَيـــنَ كُلِّ مُؤَنّـب

وَيُنِيـــرُنِــي بِصَبَابَـةٍ لَا تَنْـجَلِي

يُذكِي بِقَلبِـــي بَهْـــجَةً مَـرْجُـوَّةً

ويَزِيدُنِي شَوْقاً لِـمَنْ سَتَرُوقُ لِـي

يَا شَمسَ أَيْلُولَ الْمُخَضَّبِ بالرُّؤَى
إنّـــي سَئِمْتُ غُيُومَهُ.. فَلْتَعْجَلِـــي

وَلْتُشرِقِـي.. وَلتَبْسَمِي.. ولتَسْعَدِي
وَلْتَنْشُرِي الأَفْـــرَاحَ فِي مُسْتَقْبَلِـي

أيلول الحزين 2022م

دَعْك مِنِّي

قلتِ مَاذا؟

قلتِ إنِّـي

شَبِمُ القلبِ.. عَدِيمُ السّؤال

أعشَقُ الصّمتَ الرّهِيب

أسْتَخِفُّ بالجَمَال؟

يَا فُؤادِي

هَلْ أَنَا كَالرِّيشِ تِيـهاً

يَمْتَطِي الرِّيحَ ويَمْضِـي

لا يُبَالِي بالمَـال

أمْ أَنَا حُلمٌ جَميلٌ

يَنثُرُ الكَوْنَ وُرُوداً

وَيُغَنّي للحَيَاة

يُرسِلُ النّورَ شَفِيفاً

ثمّ يَسْرِي في متاهَاتِ الضَّلَال

يَا فُؤَادِي

لَسْتُ أنسَــى

أنّكِ الأنثَــى التِي جُنَّتْ بحُبّــي

ثُمَّ أصغَتْ دُون رفقٍ لِظنُونٍ

نسَجَتها مِن خَيَال

وَانْبَرتْ تَعزفُ لحْناً

مُوجِعاً مِثْل الوَبَال

يا لَحَظِّي

لم أكُن أحْسبُ أنِّي

سَوْفَ أحيَا فِي زَمانٍ

تَحْتَوِيني فِيهِ أنثَى

شَاقها وَأُدُ الأَمَانِي

والتّسَلِّي بالجَفاءِ:

اِسْتَعَاضَتْ عَن صَفَائِي

وَوَفَائِي

بالتجَنِّي والشُّرُود

اِخْتَفتْ عَنِّي بِظِلِّي

ثمّ غَابَتْ كَالهِلال

يَا زَمَانِي

دَعْكَ مِنّـي

فَأَنَا حَرفٌ مُعَنّى

أرْهَقَتْهُ الأُحْجِيات

أشتَهِـي البَوْحَ بِحُزنِـي

عَلّنِـي أُشْفَى تَمَاماً

مِن جُحُودٍ وَشَقَاءٍ

حِملُهُ مُضْنٍ ثقيلٌ

كَالصّحَارَى.. كَالجِبَال

غيْرَ أنّا قَدْ رَضِينَا بِالسُّكَات

وابْتُلِينَا بقُلوبٍ

تَرفضُ الذّلَّ وَتأَبـى

أنْ تخُونَ العَهدَ مَهمَا

وَخَزوهَا بالنّبَال

سبتمبر 2022م

عُـرُوج

هَذَا أَنَا

قلبٌ مُعَنَّى بِالرّؤَى

واللَّوْعَةِ

رُوحٌ تُغَالِبُ

عُسْرَ دَهْشَتِـهَا

وَنفسٌ تَكتَـوِي

بِلَهِيبِ شَوْقٍ جَارِفٍ

قَدْ أظهَرَتْهُ عَبْرَتِـي

خاصَمْتُ ظِلّــي

حِينَ ضَاعَفَ غُربَتِــي

وَعَرَجتُ كَالمَعْتُوهِ

أَطْلُبُ بَهْجَتِــي

سبتمبر 2022م

سِفْرُ الوَفَاء

وَيَوْمَ التَقَيْنَا

كتبتُ قصيداً

بِمَاءِ الذَّهَب

وَأَعْلَنْتُ فِيه

وِلاَدَةَ قَلبٍ

سَلِيلِ الشُّهُب

إِذَا كُنْتِ.. كَانَ

وَإِنْ غِبْتِ.. عَانَى

وَلَوْ سَاوَمُوهُ

بِتِيجَان «كِسْرَى»

وَمُلْكِ العَرَب

لَأقسَمَ بالصّافِنَاتِ الجِيَاد

أَلّا يَخُون

وأنْ سَوفَ يَبْقَى

كمَا الحُبّ فِي عَالَمِ المَلَكُوت

مَعْنـىً

يُرَفْرِفُ

فِي الكَوْنِ

دُونَ انتِهَاء

ويَعْزِفُ

نَبْضَ التَّسَامِي

وَلَحْنَ الوَفَاء

وَرُوحاً

تُدَارِي السَّقَامَ

وَتَرْنُو إِلَى النُّور

رَغْمَ اللَّهَب

كَذا قَدْ كتبتُ

مواويلَ عشقِي

بحرفٍ شَفيفٍ

وقلبٍ طَـرِب

أكتوبر 2022م

طَارقُ اللَّيْل

إنّـي الغَريبُ تَعَاظَمَتْ أشجَانـهُ
يَمْشِــي شَريداً.. سَائـــلاً أترابَـهُ

«يَـا مَن تـهَاوَتْ نجْمتـي بدِياركُم
خلُّوا المُعَنّـــى.. يَلتَقِي أحْبَابَـهُ»

نَـامَ الرّقِيبُ.. وأُطفِئتْ أنْــوارُهُ
يا لهْفَـــةَ الـمُشْتَاقِ.. مَلَّ عَذَابَـهُ

كم باتَ يَرسُمُ في الـمَدَى أحْلامَهُ
حَتّـــى أهَلَّتْ.. فَاسْتَعَادَ شَبَابَـهُ

ظلَّـتْ تَبُـوحُ بِوَجْدِهَا.. وَهُيَامِـهَا
والقلْــبُ مِنهَا يَشْتَكِــي أتْعَابَـهُ

تَسْـتَعْذِبُ الهَمَسَـاتِ فَوقَ ذِرَاعِهِ
كَالـمَـوْجِ تَسْرِي.. تَستَلِـذُّ عُبَابَـهُ

ذابَ الجَليدُ.. تنَاثَـــرَتْ قَطَرَاتُـــهُ
يَا بَهْجَـةَ الوَلْهَانِ، ضَاعَ صَوابُـهُ

نوفمبر 2022م

ومضــة

قالت هَرِمتُ

وذي الأشوَاقُ تَـهْزِمُنـي

قلتُ استَعِيـنـي بنبْض الحُبّ

لا عَجبـا

إنّ القلُوبَ إذا تاقَت إلى وَطنٍ

لا تشتكِي نصَباً

بل تقتَفِـي الشُّهُبَـا

نوفمبر 2023م

هَوَى القَيْـرَوان

رمَيْتُ سِهَامَ الهَوَى فِـي

خُدُور الحِسَــان

فتَاهَتْ شِبَاكِــي بِبَحْر العُيُـون

ونَادَى المُنَادِي.. بِصَوْتٍ ثَخِيـنٍ :

«ألا تَعْلَمُون.. بِأنَّـي

سَئِمتُ مِنَ العُمْر غَدْرَ الزَّمَان

وأيقَنْتُ بَعْدَ كُسُوفِ الأَمَانِـي

وَعسْفِ اللّيالـــي

وفَقْدِ الغَوَالـــي

بِأنَّ الهَـــوَى

فَيْضُ حُبٍّ.. يَـــهُزُّ كِيَانـــي

وَنُورٌ تَجَلّـــى.. مِنَ القَيْـــرَوَانِ..».

نوفمبر 2022م

سِفْرُ الصّبَابَة

عَيْنَـــاكِ بَـحْـرٌ   وَفــي الشّـطْآنِ عُنْوَانِـي

إنْ قُــلْـــتِ أهْـــلاً   أفَـــاضَ المَـــاءُ خُلْجَانِـي

إنْ قُــلْـــتِ سَهْـلاً   أذابَ الثّلْـجُ أحْزَانِـي

إنْ قُــلْـــتِ مَـهْـلاً   يَهُــزُّ النّبْـضُ وِجْدانِـي

إنْ قُــلْـــتِ عَفْـــواً   بَكَى في الصّمْت شِرْيَاني

أكتوبر 2021م

المِعْرَاجُ

تَحَسَّسْتُ قلباً.. قِيـلَ إنَّـهُ قَدْ غَـوَى
فَيَمَّمْتُ وجْهـي.. أسـألُ اللهَ مَوْعِـدا

إلهِــي سَألَنَاكَ التَّـدَرُّجَ. فِـي الهَـوَى
لِتَرويـضِ نَفْـسٍ هَدّهـا الوَجْدُ سَرْمَـدا

فكُـنْ بَلْسَـماً يَشْفِـي الكُلـومَ تَلَطُّفـاً
وَهَا أشـربُ الظِّـلَّ الـذِي قَدْ تَفرقَـدا

وَأرْكَـبُ حَرْفِـي كالحصان مُدَجَّجاً
بِـأنَّـاتِ رُوحٍ لا تَـهَـابُ التَّمَـرُّدَا

أُدَارِي تبَاريـحَ الصّبَابَـةِ وَالجَـوَى
وَأرْنُـو إلـى العَلْيَـاءِ صَفْـواً وَسُـؤْدُدا

ديسمبر 2022م

تعويذَةُ شَاعرٍ مغْمُور

طالَ السّكاتُ

وحَرفِي اليومَ مَوءود

لا البوح أنصفنــي

لا الشِّعرُ.. لا الجُود

حاولتُ أكتُبنِــي

في اللّوحِ ألغازاً

فارْبَدَّ قلبي

وجفَّ الحِبرُ والعُود

يا ويحَ جفنِـــي

يُدَاري الحزنَ في صَمْتٍ

مُذْ طالعَتْهُ

لَيَالٍ كلُّها سُود

إن قلتُ آهٍ

فاضت كلُّ خُلْجَاني

وإن صرختُ

فكلّ الناسِ.. جلمُود

ماذا أنا

لو تجَاهَلْتُمْ خُطاطَاتي؟

شَابٌّ بلا وَطَنٍ

يَقْتاتُه الدُّود

يا ربّةَ الشّعرِ

جُودي بالهَوى إنّي

عقلٌ بلا فِكَرٍ

والحُلمُ مَفقُود

لا الحرفُ يَكْتبُني،

لا النَّصُّ يَحْويني

لا اللَّحنُ يُطربُني

والبابُ مَسْدُود

القلبُ أضحَى

بلا نبضٍ يسلّيه

والرُّوحُ في عَنَتٍ

والمَوتُ مَوْعُود

شَيطانَ شِعْري

تَمَهَّلْ واقتَربْ مِنّي

لِـــي فِـي الكِتابَةِ

سِحرٌ غيْر مَردُود

إنِّـــي وإنْ كنتُ

مِمّنْ قَلّ منطقُهم

لِـــي فِـي الصّحَائِف

شِعْرٌ جِدُّ مَنْضود

***

127

بِلَا عَتَبِ

سرّحتُ عَيْنِي بِوَجْهٍ غَيرِ ذي بِشْرِ
فاشتدَّ حُزنِي لِمَا في القَلبِ مِنْ كَدَرِ

قلتُ اعْذُرِينِي فإنَّ النَّارَ في صَدْرِي
تَأبَى الخُمُودَ.. وَلَا تَخْشَى مِنَ الضَّرَرِ

ماذا أقُولُ لَهَا؟.. بَانَتْ لِتَكْوِينِي
فِي بُعْدِهَا سَقَمٌ يَعْشِي مَدَى البَصَرِ

إنْ قُلْتُ خَانَتْ.. تَهَاوَتْ كلُّ أحلَامِي
وَإنْ تَجاسَرتُ، وَا سُهْدِي مِنَ الضَّجَرِ

إنِّي وَإنْ كنْتُ مَهمُوماً بمَا قالَتْ
أعْفُو بِلَا عَتَبٍ.. عَنْ رَبّةِ الخَفَرِ

17 فبراير 2023م

هَمْسَة

كلَّمَا أغمَضتُ عَيْنـــي	طَــافَ فِي الحُلـمِ هَوَاك
وبَــدَا فـــي الأفْــقِ نجْمٌ	خِلتُــهُ بعْـضَ سَنَـــاك
فاحْضُنيني شَهْرَزَادي	واكشِفِـــي سِرَّ جَفَاك
لسْـتُ أحْتَــاجُ حَكَايَـا	عندَمـا ألقَى المَـــلاك
كُـــلُّ مَا أرجُــوهُ لُطفاً	أنْ أُسَجَّــى فِي ثَرَاك

2023 /1/14م

سَفَرٌ.. بِلَا رِكَاب

دَثَّرُوا ظِلِّي الـمُسَجّى وارْجَمُوهُ بالـحِجَـارَه

فأنـا قـدْ دُسْتُ طِينـي وتَجَرّعْـتُ المَرَارَه

اغتَسَلْنَـا بالأَمَانِـي وانطلقْنَـا كالشَّـرارَه

تاهَ فـي الأفقِ بُرَاقِي وتنَاسَتْـنِـي العِبَـارَه

فتَجَاهَلْـتُ أُفُولِـي قارِئاً سِفْـرَ الجَسَارَه

وَركِبـتُ الرّيـحَ شـوقاً تَالِياً آيَ استِخَـارَه

رُبَّ هَمْـسٍ مِنْ مُعَنّـى يَجْعَـلُ الحَرْفَ بِشَـارَه

ويَزيـدُ القَلـبَ وَجْـداً بالَذِي يَبْدُو «مَنَـارَه»

يناير 2023م

تَبَّتْ رُؤَاكِ

عَينَــاكِ بَحْــرٌ.. وفي الخُلْجَــانِ عُنوَاني
إن قُلـتِ مَرْحَــى.. تلاشَـتْ كُلُّ أَحْزَاني

وإنْ تَظاهَـرْتِ بالأشـواقِ يَــا سُؤْلــي
أَيْقَنـتُ أنَّ الهَـوَى يَسْــري بِوِجْدَانِــي

إنْ قُلـتِ مَهْــلاً.. تَـــهَاوَتْ كلُّ أوْتَـادِي
وَخَابَ ظنّـــي.. وَهُدَّتْ كُـــلَّ أرْكَانِــي

وإنْ تَجَاهَلْـتِ مَــا بالقَلـبِ مِـنْ وَجْـدٍ
غَامَـتْ سَمَائِي وَجَفَّتْ بَعْضُ شُـطآنِي

وإنْ تَنَاسَيْـتِ حُبّــاً كَــانَ يُضْنِينَــا
تَبّـتْ رُؤَاكِ.. وَبِئْـــسَ الخَائِنُ الجَانِــي

1 فبراير 2023م

ضَيْغَمٌ.. رَغْمَ العَلْقَمِ

لمْ أكتَرِث باللَّيْـــلِ حِيـــن سَألْتُـــهُ:
رِفْقاً بقَلبٍ ضُــــخَّ فِيــهِ العَلْقَــمُ

يَا لَيْـلُ إنَّ الحُــــزنَ طَال مُقَامُـــه
فارفَـعْ هُمُومَكَ وَانصَرِفْ يَا مُؤْلِمُ

إنّي المُعَنَّـــى.. قَدْ تَنَاثَـرَ دَمْعُـــه
والكُـــلَّ يَمْضِــــي غافِلاً لا يَعلَـمُ

لَوْلا المَـــرَايَا تَسْتَعِيرُ مَوَاجِعِي
وتُحَــدِّثُ الأغْـرَابَ عَمَّـنْ يَظْلِمُ

لَتَهَدَّمَتْ أحْـــلامُ طِفْـلٍ طَيِّـــبٍ
مُـــذْ كانَ غِرّاً.. قالَ إنَّهُ ضَيْغَمُ

مَوْلَاي

مَـوْلَايَ إنّـي عَاشِــقٌ مُتَـرَدِّدُ
والقلبُ مِنّـي هَائِــمٌ مُسْتنْجِــدُ

هَا قَدْ وَقَفتُ وَبَابُ عَرْشِـكَ مُقْفَلٌ
فَافتَـحْ دُرُوبَ الوَصْلِ إذْ تَتَجَـدَّدُ

لا شَـيْءَ في الأسْحَارِ يُؤْنِسُ وِحْدَتي
إلَّا صَـدَى الآهَــاتِ إذْ تَتَبَـدَّدُ

إنِّي وَإنْ خَابَتْ ظُنُونِي في الدُّنَى
مُتَفَائِـلٌ.. مُسْتَبْشِـرٌ.. مُتَـوَدِّدُ

آمَنْـتُ بِالآمَـالِ نِـبْـرَاساً لَنَا
وَاللهُ وَحْـدَهُ مُؤْنِسِـي وَالمُنجِدُ

وجَعُ الغِيَاب

إلى روح أبي الطّاهرة إبّان عروجها

وَدّعْ «حَبِيبَكَ» إنّ القَلــــبَ يَنفَطِــرُ

واسْـفَحْ دُمُوعَـك سَيْلاً حِيـنَ يَنْحَــدِرُ

الأهْـلُ صَرْعَــى وَقَـدْ جَفَّتْ مَدَامِعُهُـم

والطَّيْـرُ تبْكِـي، وَرُكْنُ الدَّارِ وَالحَجَـرُ

الأرْضُ ظَمْــأى تَنُوحُ السَّيّدَ العَطِــرَا

والبَيْـتُ خَـاوٍ.. بَـكاهُ الغُصْنُ وَالشَّـجَرُ

أمّـا الأَحِبَّـــةُ فَالذّكـرَى تُــؤَانِسُـهُم

وَهْوَ الـذِي كَانَ نِبْرَاساً بِـــهِ انْتَصَرُوا

إنّ الدُّمُـوعَ مَعِيــنٌ.. فَيْضُهُ هَطَـل

يَــرْوِي فُؤَاداً بِنـارِ الفَقْـدِ يَعْتَصِرُ

تَنْهِيدَة

حَرْفَانِ مِنْ وَلَــهٍ.. وقلبٌ هَائِــم
هَذا أَنَا فِــي وِحْدَتِــي يَا لائِــمُ

فارْحَمْ سُــهَادِي وَانتشِــرْ يَا عَاذِلي
إنِّــي سَقِيمُ الــرُّوح أُفْقِــي غَائِمُ

2023/2/21م

صِرْتُ

صِرْتُ أنْسَـى

كُلَّ عَادَاتِـي القَدِيمَهْ

ضِحْكتـي كلّ صَباحٍ

بيـنَ خِلَّانِـي وأهْلـي

بَسْمَتـي قبل خُروجِي

ومُنَاغَاة المَـرَايَـا

صِـرْتُ أَسْهُـو

كلَّمَا جَالسْتُ نفْسِـي

أسألُ الأطيَارَ عَنّـي

وأناجِي نَائِحَ الغُصنِ.. وأعْدُو

خلفَ ظلِّـي

تائـهاً بيــنَ الثّنايَـا

صِـرْتُ أبْكِـي

كلَّمَا نـادَى مُنَادٍ

بِاسْمِ قِدّيـسٍ تَوَارَى

خَلفَ أبْوابِ السّرَايَـا

146

صِرْتُ أَشْقَى بِنَحِيبِـي

كلّما هَبَّ نَسِيمٌ

هَادِئٌ مِثلَ حَبِيبـي

رائِـقٌ يُذْكـي لهِيبِـي

عَطِـرٌ «زَيّ بَبَـايَـا»

صِرْتُ أهْـذِي

دونَ وَعْـي

مُذْ سَقَانِـي الدّهـرُ فَقْـداً

جَعَـلَ «الغَالـي».. حَكَـايَـا

رُؤْيَا

وَنُـورٍ بِحَجْمِ الكَوْنِ هَـلَّ رِكَـابُـهُ

أَزَاحَ ظَـلَامَ اللّيلِ.. عَـدْلٌ كِتَابُـهُ

حَبَانِي بِرُؤْيَا ظَلْتُ أَرْقُبُ فَجْرَهَا

فَسَاحَتْ دُمُوعِي حِينَ فَاضَ عُبَابُهُ

سَـلَامٌ عَلَـى بَدْرِ التَّمَـامِ وصَحْبِه

سَـلَامٌ عَلَـى عَـرْشٍ تَفَتَّحَ بَـابُهُ

حَبِيبِـي! أَرَانِــي مُسْتَهَاماً بِحُبِّـهِ

أُصَلِّي عَلَيْهِ فِي الدُّجَـى.. وَأَهَابُهُ

سَألتُ السّمَاوَاتِ العُلَا قَبَسَ الرُّؤَى

فَجَـادَتْ بِبَدْرٍ.. سَرَّ قَلْبِي خِطَـابُهُ

القيروان في 2023/4/16م

بِأَيَّةِ حَالٍ عُدْتَ يَا عِيد؟

عِيــدٌ بطَعمِ الفَقدِ.. يَــا لَعذابنَـا

لا حُبَّ، لَا أنْغَــامَ تَطْــرُقُ بَابَنَـا

بالأَمْسِ كَــانَ هُنَا يُرَتَّــلُ وِرْدَهُ

وَاليَــوْمَ هَــدَّ غِيَــابُهُ أَرْكَانَنَـا

كَمْ مِنْ سِنِينٍ عَذْبَــةٍ عِشْنَـا مَعاً

نَسْـتَعْذِبُ الأيَّامَ فِي كَنَفِ المُنَـى

لكــنَّ دَهْراً سَاءَهُ مَــا سَرَّنَـا

اِسْتَكْثــرَ الأفْــرَاحَ عَن أَحْبَابنَـا

فَانقَــضَّ كالتِّنَّيــنِ يهْدِمُ حُلمَنَا

وَاسْتَــلَّ رُوحِي، يَا لَهَوْلَ مُصَابنَـا

2023/4/20م

بَعْضُ نُورٍ

يَا لَيْلُ إنِّي فِي الهَــوَى أتَبَــرَّمُ

أشْكُــو التَّوَلُّــهَ.. إنَّهُ لَا يَرْحَــمُ

ظِلِّــي تَوَارَى فِي المَدَى مُسْتَعْذِباً

هَجْــرَ الأُلَــى مِن ظُلمِهِمْ.. يَتَألَّمُ

العَقْــلُ مِنِّــي هَائــِمٌ مُتَسَائِــلٌ

مَــا الحُبُّ يَا أحْبَابَنَا؟.. ما البَلْسَمُ؟

والرُّوحُ عَطْشَى لِلَّذِي إنْ ضَمَّهَا

تَــهْتَــزُّ شَوْقاً.. تَنْتَشِي.. تَتَرَنَّمُ

يَا بَعْضَ نُورٍ تَاهَ فِي غَسَقِ الدُّجَى

إنِّــي مُعنَّى.. أنْتَ بَدْرِي الأوْسَمُ

29/4/2023م

غُـرْبـة

غَريـبٌ.. وَهَــلْ لِلْغَريبِ مُقَـام؟
مُعَنّــى، يُنَاغِــي النُّجومَ، مُضـام

يُـذَاري أَسَـاهُ.. يُنَاجِـي رُؤَاه
يُضَمِّـدُ جُرْحاً كَـوَاهُ السَّقَـام

فَأَيْــنَ المَفَـرُّ؟ وأيْـنَ المَقَـرُّ؟
إذَا مَا الأَمَـانِـي اعْتَـرَاهَا الظَّـلَام؟

2023/5/3م

سِيرَةُ ضَجَر

سَئِمتُ الهَوَى والجَوَى

وَناراً بقَلبِـي

بحَجْم الدُّنَـى

سئمتُ نفوساً

تَبُثُّ السُّمُومَ

وَتَحْجُبُ عَنَّا

صَفَاءَ السَّمَاء

سَئِمْتُ قُلوباً كَفَحْمٍ

تَنَاثَرَ فَوْق البَيَاضِ

فَأَرْدَاهُ رَمْزاً لِعُقمِ الأَمَانِـي

وَبُؤْسَ الرَّجَاء

سَئِمْتُ النِّفَاقَ

وَغَدْرَ الرِّفَاق

سَئِمْتُ الرِّيَاء

وَكُلَّ الأذى

سَئِمْتُ زَمَاناً

يُعَكِّرُ صَفْوِي

ويَخْطفُ رُوحِي

فَيَسْكُنُنِي الحُزْنُ

كُلَّ صَبَاحٍ وَكُلَّ مَسَاء

سَئِمْتُ زَمَاناً

بِوَجْهٍ عَبُوسٍ

وَقَلبٍ خَؤُونٍ

وَدَهْراً يَوَدُّ زَوَالَ النُّجُومِ

وَخَسْفَ الضِّيَاءِ

وَطَمْسَ الـرُّؤَى.

9/5/2023م

بِلَا عُنْوَان

بَـــاقٍ هُنا.. فِي عزلتـــي.. في وِحْدَتِـــي
أَسْــتَعْذبُ الصَّمْتَ الرَّهِيبَ.. وغُربَتِـــي

لا شـــيءَ يشبهنِي.. سِوايَ وصُورَتِـــي
وصدى نحيبٍ.. هَـــدَّ حِصْنَ سَريرَتِـــي

يَا طـــولَ ليْلِـــي.. كَـــمْ سَـئِمتُ مواجعِي
إنَّ الْمَواجـــعَ تسْتَبِيـــحُ سَكِينَتِـــي

هَـــا قـــد سَـكبتُ الدّمـــعَ دُون إرادتِي
والقلـــبُ مِنّـــي يَكْتَـــوي بخَطيئَتِـــي

في كفِّـــيَ الشّـــمسُ التي مِنْ نارِها
لَـــم أَسْـتَطِعْ أَنْ أَسْتَعِيدَ بَصيرَتِـــي

والـرّوحُ تشكُــو وَجْدَهَـا وَلَهيبهـا
مِـنْ فَـرْطِ عِشْـقٍ هدَّ عَـرشَ مدينَتـي

وحْـدي أنـا.. مُـتَـدَثِّرٌ بشقَاوَتـي
أشْـتَاقُ مِنِّي.. ضِحكَتِي وعَزيمَتـي

وَغِـنَـاء طِـفْـلٍ يَحْـتَـفِي بنَجَاحِـه
مُـسْتَبْشِراً بمَوَدَّتـي.. وَمَسِـيرَتـي

يَـا طـولَ ليْلِـي.. كَـمْ سَـئِمتكِ عُزْلَتِـي
إنِّي الغَريبُ.. فَمَـنْ يُبَـدِّدُ غُرْبَتِـي؟

سَوْفَ أَمْضِي

سَوف أشقَى فِي الفيَافي

إن تَجشَّمْتُ الرّحِيـل

وتناسَيْتُ بأنِّي

تَائِـهٌ دُونَ دَليـل

...

سَوْف أمْضِـي

فِي طَرِيقٍ مُوحِــشٍ

أسألُ الأهْوَال سِــرّاً

يُوقِظُ القَلبَ العَلِيـل

ويُزِيـلُ الحُجْـبَ عَنِّـي

صَفْعَة قَلَم

دَعُونِـي أُوَدِّعُ نَظْمَ الحُـرُوف
فمَـا عُـدتُ أحسِـنُ عَـذبَ الكَلَام

فإمَّـا نفـاقٌ يُسَلِّـي النّفـوسَ
بِهِ تَسْتَقِيـمُ عُيُــوبُ الأنَـام

وإمَّـا كلامٌ يَـدُكُّ الحُصُــون
ويَفْضَـحُ فِينَـا وجُـوهَ الظّـلَام

فلَسْـتُ أخَافُ سُـمُومَ الأفاعِـي
إذا مَـا وَصَفتُ خِـداعَ «الكِرام»

ولكـنْ أَهَــابُ إلهـاً عظيـماً
دَعَانَـا إلـى الصَّفْحِ لا الانْتِقَـام

تَأَمُّلَات

عَلَى قَـدْرِ صِدْقِ الحُبِّ يَحْلُو التَّعَاتُبُ

وَيُورِقُ فِـي جَـدْبِ التَّجَافِـي التَّقَارُبُ

نُـدَارِي هَوَانَـا.. بَـلْ نُكَفِّنُ عِشْقَنَـا

وَنَقْسُو عَلَى الأَحْبَابِ إِنْ هُـمْ تَكَاذَبُـوا

وَنَأْسَى لِبَعْضِ النَّاسِ عِنْدَ الْتِقَائِهِـم

فَهُـمْ يَعْشَقُونَ اللَّغْوَ إِنْ هُمْ تَعَاتَبُـوا

نَـوَدُّ مِـنَ الدُّنْيَا مِـرَاساً وَقُـوَّةً

نَصُدُّ بِـهَا الأَعْـدَاءَ إِنْ هُمْ تَوَاثَبُـوا

ونَـرْجُو مِـنَ اللهِ أَمَاناً وَعِفَّـةً

تَكُـونُ لَنَـا عِطْراً شَـذَاهُ التَّحَابُبُ

تَفَرُّد

وَلَسْتُ كَبَعْضِ القَومِ أُشْرَى بِدِرْهَم
لِأنِّي سَلِيلُ المَجْدِ سَيْفِي مُذَهّبُ

فَلا مَـــالُ دُنْيَاكُمْ يُحَـرِّكُ هِمَّتِي
وَلَا العَيْبُ يَعْنِينِي، وَصَمْتِي يُعَذِّبُ

على جِسْر المودّة

كمْ كُنتُ أشْقَى فِي الوجُود بِوِحْدَتِي
وَأُقَارِعُ الآهــــاتِ بَيْـنَ أَحِبّتِـي

فِي البَدْءِ خِلْتُ الضَّاحِكِين بِدَرْبِنــا
قَمَراً.. فخَانَ النُّورُ كُلَّ مَسَـرَّتِـي

حتّى تَبَدّى غَدْرُهُـــم وَنِفَــاقُهُم
فكَفَرتُ بالأحْبَابِ.. بَعْدَ مَـوَدَّتِـي

رِسَالَةٌ بخُيُوطِ الشَّمْس

الحَـرْفُ يَشْـكُو نَزْفَـهُ وَجِرَاحَـهُ
مُتَأَلِّـماً مِمَّـنْ يَقُصُّ جَنَاحَـهُ

لَا تقتُلُـوهُ بِصَمْتِكُـم وَسُـكَاتِكُم
فُكُّـوا قُيُـودَهُ.. مَـا أَجَلَّ سَرَاحَهُ

يَا لَيْلُ

يَا لَيْلُ لُطْفاً

فَهـذَا القَـلـبُ يَنْتظِـرُ

هَـمْـسَ الغُـرُوبِ

وَحَرْفاً زَانَـهُ الوَتَـرُ

إنَّ القَصِيـدَةَ

مَـاءٌ حِـيـنَ يَـلْفَـحُـنَـا

رَمْـضُ الهَجِيـرِ

بِـهَـا نَحْيَـا، وَنَنْتَشِـرُ

فِــي القَيْــرَوانِ

يَـذُوبُ القَلْبُ مِنْ وَلَـهٍ

والشِّعْرُ يُـزْهِـرُ

والبَــاحَــاتُ تَـزْدَهِـرُ

هَذِي المَدِينَـةُ

نَبْضُ الحَرْفِ يَحْرُسُهَا

لَا الخيلُ، لا السّيـفُ

لا الفُرسَانُ، لا البَشَـرُ

النّظـمُ دَيْـدَنُها

والشّعْـرُ رَايَتُـهَا

تَـزْهُو إذَا رُصِّعَتْ

فِـي وَصْفِهَا الـدُّرَرُ

تَغْرِيدَة

وَحدي هُنـا
وَالرّيــحُ تَعْصِـفُ فِي دَمِـي
اللّيـلُ دَهْـرٌ
وَالحَدِيدُ بِمِعْصَمِـي

لا شَــيْءَ يُـؤْنِـسُ
غُـرْبَـتِـي وَشَـقَـاوَتـي
إلّا رَبِيــعٌ يَسْتَفِـزُّ مَوَاسِمِـي

رفْقاً بقلبـي

يا ليْـلُ رفقاً

فَقَلْبِــي اليومَ مَهْمُـومُ

الــرّوحُ عَطْشَـى

ووَجْهُ الدَّهْرِ مَـأزُومُ

الشّوْقُ يَأسِرُنِــي

والسُّهْدُ يُضْنِينـي

الهَجْرُ يَعْصِفُ بِــي

والوَصْلُ مَعْـدُومُ

فَارفَعْ ظَـلامَـكَ

واسْتَوْدِعْـهُ أَحْلاماً

تَنْسَـابُ رَقْـرَاقَـةً

والنُّـورُ مَعْلُـومُ

زَهَايمر

فــي ظُلمَة اللّيلِ.. أَمْشِــي سَائِلاً لُغَتِــي
أَسْتَفْسِــرُ النَّجْمَ عَنْ اسْمِي وَعَنْ صِفَتِــي

كَــم كُنْــتُ أَحْسَــبُ أَنّ اللّيلَ يُؤنِسُنِــي
لكِــنَّ حُلمــاً تَهَــاوَى.. هَدَّ ذَاكِــرتِــي

تَعْــوِي الشَّوَارِعُ.. والحِيطَــانُ تَسْأَلُنِي
مَنْ أنتَ ؟ هَلْ أنتَ رُمتَ الدَّارَ فِي جِهَتِي؟

قُلتُ اعْذُرِينِــي.. فَهَــذا السُّورُ يَعْرِفُنِي
لكِــنَّ عَاصِفَــةً.. أَلقَــتْ بِأَشْرِعَتِــي

كُلُّ المَــرَاكِب قَدْ عَــادَتْ كَمَا انطَلَقتْ
إِلّا الّتِــي كُنْتُ فيها.. يَــا لَمَــرْكَبَتِــي

عَبَقُ الهَـوَى

فِـي القَلبِ سَوْسَنَتَان مِنْ عَبَقِ الجَوَى:

حَمرَاء تَرْفُـلُ فِـي الصَّبَابَةِ والهَـوَى

بالقُربِ مِنْهَا وَرْدَةٌ.. يَا بَخْتَهَا

أمّا التِـي تَأَبَـى حُرُوفِـي وَصْفهَـا

فهـيَ الجَمَالُ بلا ضِفَافٍ.. إنّـهـا

ريـحُ الجِنَان.. وَعِطرُهـا

لِلهِ كَمْ تَزْهُو القُلُوبِ بِوَجْدِهَا

***

فِي مَرَاقِي الرُّوح

اللَّيلُ خِلِّــي.. ونُـــورُ البَدْرِ عُنوَانِي
والحَرفُ حِرْزٌ.. يُجَلِّــي كُلَّ أحْزَانِي

فَاعْزِفْ حبيبي.. عَلَــى الأوْتَارِ أنْغَاماً
وَارْسُمْ عَلَــى المَـــاءِ.. قَلباً لَوْنُـهُ قَان

كَــيْ يُورِقَ الحُلْــمُ وَضّـــاءً وَوهَّاجاً
فِــي كَفِّ أُغنِيَةٍ.. مِنْ نَسْــجِ ألْحَانِي

وَتُنْشِــدَ الرُّوحُ مِنْ أعْمَاقِ مَا تُخْفِي
مَوَّالَ بَهْجَتِهَـــا فِــي العَالَــمِ الفَانِي

وَيُــدْرِكَ الجَمْعُ مِمَّــنْ ظَلَّ يُؤْذِينَـا
أنّــي المُريــدُ.. وأنَّ اللهَ يَــرْعَانِي

مَخَاضٌ عَسِير

أُعَانِدُ حَرْفاً كحِصْــنٍ حَصِيـــنٍ

لِأكْتُـــبَ نَصّــاً بِنَبْـضِ الحَنِيـــنِ

فَتَأْبَـى المَعَانِــي بِنَاءَ القَصِيد

وَيَنْسَابُ صَوْتِــي بِهَمْسٍ ثَخِيـنٍ:

«أيَـا شَاعِـــراً قَدْ جَفَاهُ المَجَاز

تَطَهّـرْ بِدَمْـعٍ.. وَبَعْضِ الأنِيـــنِ

وَحَلّــــقْ بَعِيـــداً كَنَسْـــرٍ عَنِيـد

يُدَارِي الكُلومَ.. وَعَسْـفَ السِّـنِين

بِبَـوْحٍ عَمِيـقٍ.. وَوَصْفٍ شَفِيف

يُـرَوّضُ حَرْفَــهُ حَتَّى يَلِيـن»

مُنَاجَاة

رَبَّاهُ لُطْفَــكَ.. إنّ القَلبَ يَعْتَصِــرُ
فَكُلُّ شَـــيْءٍ عَلاَ.. قــد صَارَ يَنْحَــدِرُ

حَتَّــى القُلُــوب إذَا مَــا الوَجْدُ بَعْثَــرَهَا
تَنْــهارُ كَلْمَــى.. كنَجْمٍ حِينَ يَنْتَثِــرُ

فَابْعَثْ بِرُوحِــي جُمُوحَ التَّوْقِ في شُهُبِ
وَاعْزِفْ بِحَرْفِــي قَصِيداً وَقْعُــهُ وَتَـرُ

تَغريدةُ القَيْرَوانِيّ المُعَنّى

يَـا حُسْنَـهَا

هَـذي المَدِينَـة

كم أنتَشِـي بِـهَــوائِـها

ونَسيـمِـهَا.. وعَبيـرهَا.

***

هذي الجَميلةُ

كمْ أحِبُّ تُرَابَـها

أشجَــارَهَا

أسْـوَارَهَا

أبْـوَابَـهَا

أضْـواءَهَا

أطْفـالَـها

وَنِسَـاءَهَا

وَرِجَـالَـهَا

والجَالسِين على الرّصِيفِ

يُغازِلُـونَ حِسَـانَـها

ويُـعَـدّدُون خِصَـالها

أمجَـادَهَا

تَاريخَـها

آثَـارَها

أعْـلامَـها

أشْعَـارَهـا

كَـيْ يَعلَـمَ الزّوّارُ حقّاً أنّها

أمُّ المَـدائنِ.. حيثُ تزهو الأمْنيَـاتُ.

***

يا بَخْـتَـها

كلّ القَصائدِ تَحْتَفـي بجَمَالها

والعاشِقُون يُسَبِّحُون بِحُسْنهَا

وَيُرَتِّلـون طقُوسَـهُـم

فَـوقَ المَـآذن

والقِـبَـابِ جَميعِها

كَـيْ يَعْلَمَ الجَمْـعُ الكَرِيمُ بأنَّـها

سِـتُّ المَـدائن

وَالمَـلائِـكُ.. جُندهَا

وَالأَصْفِيَـاء تعاقَبُـوا

للنَّهْـلِ مِـنْ

خَيْـرَاتِها

وَمِيـاهِـهَا

وعُلـومِها

وفُنُـونِـها

وَالارتوَاءِ مِنَ الهَـوَى وَالأَغْنِيـاتْ

***

يَـا بَخْـتَـهَا

هـذِي المَدينَـةُ

كمْ عَشِقْتُ سَمَاءَهَا

وهَـواءَها

وصَفـاءَها

وَبَـهـاءَها

والشّارِعَ الْمُمتَـدّ

يَعلُـوه الضَجِيـج

ودَقّةُ النّحَـاسِ يَنقُـش لوْحَـةً

فِـي عُمقِهـا قَلبـانِ يُزْهِـرُ مِنْهُمَا

حُـبٌّ وَشـوْقٌ للحَبيبَـةِ.. بَعدَ هَجْرٍ

كـادَ يَمْحُـو الذّكرَيَـاتْ

***

يَـا.. أُمَّنَـا

يَـا قيـروانَ المَجْـدِ

والشِّـعْـرِ الـمُعَشِّـشِ فـي الأزِقّـةِ

فـي الـزَّوَايَـا.. فـي حَكَـايَـا الأمَّهَـات

أنْتِ الحَيَـاةُ

وَمَا سِـوَاكِ.. هُـو الـمَمَـاتْ.

***

إِشْرَاق

لمَّـــا رَأَيْتُ نُجُومَ اللّيْلِ سَابِحَـــةً
كَبَّــرْتُ رَبِّيَ وَاسْتَشْرَفْتُ بُشْرَاه

يَـا بَهْجَةَ الكَوْنِ والأنْوَارُ مُشْــرِقَةٌ
فِـي يَوْمِ مَوْلِدِهِ.. أشْــتَاقُ لُقْيَــاه

مُحَمَّــدٌ.. يَـا حَبِيباً كَمْ أُعَاهِدُهُ
الـرُّوحُ تَعْشَقُـهُ.. والقَلْبُ يَهْــوَاه

أنْـــتَ الطَّبِيبُ لِقَلْبٍ شَاقَهُ أمَــلٌ
وَخَـابَ ظَنُّـهُ.. وَاشْتَـدَّتْ بَلايَاه

صَلَّـى الإلَهُ عَلَى ذِي النُّورِ في أبَدٍ
إنَّ الصَّـــلاةَ عَلَيْهِ نَـهْـجُ رُؤيَاه

الفهرس